www.ingramcontent.com/pod-product-compliance
Lightning Source LLC
LaVergne TN
LVHW010403070526
838199LV00065B/5888
9789369083275

آدھی رات کا سورج

(نظمیں)

اعجاز فاروقی

© Ejaz Farooqi

Aadhi Raat ka Sooraj *(Nazmein, Poetry)*

by: Ejaz Farooqi

Edition: January '2025

Publisher :

Taemeer Publications LLC (Michigan, USA / Hyderabad, India)

ISBN 978-93-6908-327-5

9 789369 083275

مصنف یا ناشر کی پیشگی اجازت کے بغیر اس کتاب کا کوئی بھی حصہ کسی بھی شکل میں بشمول ویب سائٹ پر اَپ لوڈنگ کے لیے استعمال نہ کیا جائے۔ نیز اس کتاب پر کسی بھی قسم کے تنازع کو نمٹانے کا اختیار صرف حیدرآباد (تلنگانہ) کی عدلیہ کو ہوگا۔

© اعجاز فاروقی

کتاب	:	**آدھی رات کا سورج** (نظمیں)
مصنف	:	**اعجاز فاروقی**
صنف	:	شاعری
ناشر	:	تعمیر پبلی کیشنز (حیدرآباد، انڈیا)
سالِ اشاعت	:	۲۰۲۵ء
صفحات	:	۱۰۲
سرورق ڈیزائن	:	تعمیر ویب ڈیزائن

آدھی رات کا سورج (نظمیں) اعجاز فاروق

عورت کے نام

جو کبھی ماں کے روپ میں ملی
کبھی، بیوی کے روپ میں
کبھی، بیٹی کے روپ میں

آدھی رات کا سورج (نظمیں)   اعجاز فاروقی

اعجاز فاروقی

فہرست

پس منظر (ڈاکٹر وزیر آغا)، ۹

ایک احساس، ۱۷
تہذیب، ۱۸
سفر، ۲۰
مَیں اور تُو، ۲۲
آگہی، ۲۴
وقت، ۲۶
عذاب، ۲۸
مسافر کا کرب، ۳۰
لمحہ، ۳۲
تپسیا، ۳۴
لمحہ لمحہ میری موت لمحہ لمحہ میرا جنم، ۳۶
شہر یار، ۴۰
عرفان، ۴۲
نیا جنم، ۴۴
اپنا اپنا رنگ، ۴۶
اجنبی شہر، ۴۸
تاریخ کا پہلا باب، ۵۰

آدھی رات کا سورج (نظمیں) — اعجاز فاروقی

حقیقت سے پرے، ۵۲
شاعر، ۵۳
عورت، ۵۴
وطن کی حقیقت، ۵۶
جادو، ۶۱
حرف، ۶۴
نہیں، ۶۶
سمندر، ۶۸
دائرے، ۶۹
سروش، ۷۰
وصل، ۷۲
تجرید، ۷۴
خلا باز، ۷۶
پانی، ۸۰
احیا، ۸۲
خزاں کا نور، ۸۴
ماورا، ۸۶
روایت، ۸۸
ارتقا، ۹۰
یدِ بیضا، ۹۲
دائرہ، ۹۴
بت تراش، ۹۶
ترتیب، ۱۰۳

پس منظر

ادب کا ارتقا شخصیت کے ارتقا سے ہم آہنگ ہی نہیں، مماثل بھی ہے۔ جس طرح شخصیت اپنے ابتدائی مدارج میں بعض قوی تر شخصیتوں کے سحر میں مبتلا ہوتی ہے اور ایک طویل تگ و دو کے بعد ہی خود اس سحر سے آزاد کر کے اپنے "اصل" کو دریافت کرتی ہے بعینہٖ ہر نئے دَور کے ادب کے لئے انفرادیت کی تلاش اور حصول جبھی ممکن ہے کہ وہ گزرے ہوئے ادوار کے قوی اثرات سے خود کو آزاد کرے۔ جہاں ایسا نہیں ہوتا وہاں نیا دَور اپنی اجتہادی کاوش کے باوصف ایک طویل مدت تک خوشہ چینی کے مدارج کو عبور نہیں کر پاتا اور اس کے بہت سے اچھے فنکار بھی روایت کی کھائیوں سے شاذ ہی باہر آنے میں کامیاب ہوتے ہیں۔

جدید اُردو نظم کے ابتدائی ایام میں یہی المیہ نمودار ہوا ہے۔ ہر چند یہ بات درست ہے کہ "جدیدیت" کو خود میں سمو کر جدید اردو نظم نے روایتی موضوعات اور اسالیب سے خود کو ایک بڑی حد تک الگ کر لیا ہے لیکن غور کیجئے کہ اس کے ابتدائی نقوش پر ماضی کے کتنے گہرے اثرات ثبت رہے ہیں ــــــ اس قدر کہ آج بھی نظم گو شعرا کا ایک محدود طبقہ ان منفی اثرات سے خود کو آزاد نہیں کر سکا۔ مثلاً اقبالؔ کا ایک بلند سنگھاسن سے مخاطب کرنے کا انداز، جوشؔ کا جذباتی اسلوب اور لفظوں کا زیاں، اور اختر شیرانی کی رومانیت اور یوٹوپیا کی تلاش نے ساری ترقی پسند نظم کو اس بُری طرح متاثر کیا کہ فنکار کی انفرادیت کے اُبھرنے اور ارتقا پذیر ہونے کے امکانات دب کر رہ گئے۔ پھر چونکہ اقبالؔ۔ جوشؔ اور اختر شیرانی کی نظم نگاری غزل کی روایت سے ماخوذ تھی اور اس نے غزل کے اسلوب کو بڑی فراخ دلی سے قبول کیا تھا اس لئے جب شروع شروع میں جدید نظم نے ان سے اثرات قبول کئے تو نظم اور غزل کا ایک ایسا ملغوبہ تیار ہوا جو مشاعروں کی فضا سے داد کشید کرنے کے سلسلے میں تو خاصا کامیاب ہوا لیکن جس نے جدید نظم کے ابھار اور نکھار کے راستے میں ایک رکاوٹ کھڑی کر دی ہے بے شک میرا جی اور اس کے چند معاصرین بلند آہنگ نظم نگاری کی اس روش سے ایک بڑی حد تک محفوظ رہے لیکن اس حقیقت سے انکار شاید مشکل ہے کہ بحیثیت مجموعی اُردو نظم کافی عرصہ تک اس کی زد میں رہی اور یہ بہت بعد کا واقعہ ہے کہ اس نے اپنی انفرادیت کو دریافت کر کے خود کو روایت کے بعض قوی لیکن منفی اثرات سے آزاد کیا۔ اس آزادی کے حصول میں جن جدید نظم گو شعرا نے حصّہ لیا ان میں اعجاز فاروقی کا نام بھی شامل ہے اور ان کا مجموعہ ــــــ "آدھی رات کا سورج" جدید نظم کی تازہ ترین یافت یعنی "انفرادیت" کی ایک عمدہ مثال ہے۔

11

اعجاز فاروقی کی ان نظموں کا لہجہ اردو نظم کے اُس مقبولِ عام لہجے سے قطعاً مختلف ہے جو عوام کے مخصوص ذوق اور تفریح کے لئے اختیار کیا گیا تھا اور جس میں حکیم کے نسخے کی طرح ایک خاص مقدار میں مقصدیت، رومانیت اور غنائیت کے تفریحی اجزا شامل کر دیئے گئے تھے۔ اگر آپ اعجاز فاروقی کی نظم میں حکیم صاحب کے نسخے کا مزہ تلاش کرنے کی فکر میں ہیں تو میں شروع ہی میں آپ کو مطلع کر دینا چاہتا ہوں کہ آپ کو اس سلسلے میں سخت ناکامی ہو گی کیونکہ آپ کو اعجاز فاروقی نہ تو ایک بلند سنگھاسن سے انسانیت اور اور انقلاب کا پرچار کرتا ملے گا اور نہ کسی مریضانہ رومان پسندی کے تحت محبوب کے خد و خال کو بیان کرتا ہوا نظر آئے گا۔ حد یہ کہ اُس کے "غمِ دوراں" اور "غمِ جاناں" کا وہ امتزاج یا فراق بھی ناپید نظر آئے گا جو ہمارے بعض مقبول نظم گو شعرا کو بہت مرغوب ہے اور جسے انہوں نے رائج سکے کی طرح بہت کار آمد پایا ہے۔ علاوہ ازیں اس کی نظم میں اُس غنائیت کا بھی فقدان دکھائی دے گا جو اپنے مخصوص آہنگ سے قاری کو سُلانے یا جگانے کے کام پر مامور رہتی ہے ـــــ اور یہ سب کچھ محض اس لئے کہ اعجاز فاروقی نظم کی تخلیق کے سلسلے میں اس قسم کے خارجی مقاصد کا قائل ہی نہیں۔ اور نہ وہ مقاصد کے حصول کے لئے بعض سکہ بند اقدامات کو اختیار کرنا ہی پسند کرتا ہے۔ صاف محسوس ہوتا ہے کہ وہ اپنے قاری کو کسی سوپ باکس مقرر کی طرح انگشتِ شہادت سے مخاطب نہیں کرتا بلکہ اسے آئینہ دیکھنے کی ترغیب دیتا ہے یہ ایک ایسا پُر اسرار مرحلہ ہے جو نہ صرف قاری کو اُس کے اپنے کرب سے آشنا کرتا ہے بلکہ اس کرب کی دم روکنے والی کیفیت کو لطیف اور سُبکبار کر کے اسے جمالیاتی حظ کی تحصیل کے قابل بھی بناتا ہے۔ دوسرے لفظوں میں اعجاز فاروقی نے اپنے اور قاری کے درمیان وہ "فاصلہ" قائم نہیں کیا جو انہیں دو الگ الگ شخصیتوں میں بانٹ دیتا ہے اور جو ترقی پسند یا کٹر مذہبی نظم نگار کو بہت

— عزیز رہا ہے اُس نے تو نظم کو اپنی ذات کی دریافت کے لیے مختص کیا ہے اور چونکہ ذات کی گہرائی میں "اجتماعی تجربے" کا پورا نظام موجود ہے اس لیے اس نے قطعاً غیر ارادی طور پر اُس مقام تک رسائی حاصل کی ہے جسے دوسرے شعرا ایک منزل قرار دے کر اس کی طرف کسی باقاعدہ منصوبے کے تحت بڑھتے ہیں لیکن جس تک پہنچنے میں خود اُن کی ذات ایک رکاوٹ بن جاتی ہے

اِن چند سطور کا مقصد اعجاز فاروقی کے فن کا تنقیدی جائزہ ہرگز نہیں۔ مقصد صرف یہ ہے کہ "آدھی رات کا سورج" کے قاری کو یہ احساس دلایا جائے کہ اسے اپنے بعض تعصبات اور نظم سے لطف اندوز ہونے کے بعض مخصوص اور پامال زاویوں کو تج کر اعجاز فاروقی کی نظموں کی طرف متوجہ ہونا چاہیے۔ اگر ایسا ہو تو وہ دیکھے گا کہ ان میں سے ہر نظم اُس اجنبی کی طرح ہے جس سے پہلی ملاقات کچھ زیادہ نتیجہ خیز ثابت نہیں ہوتی لیکن دو چار ملاقاتوں کے بعد اس اجنبی کے کردار کی متعدد ایسی پرتیں ابھر کر سامنے آجاتی ہیں جو دل آویز بھی ہیں اور خیال انگیز بھی اور جو قاری کو ایک نئے ذائقے سے آشنا بھی کرتی ہیں۔

اِس ضمن میں بات تو یہ ہے کہ اعجاز فاروقی نے خود کو "چمن" کے اس ماحول سے ایک بڑی حد تک آزاد کیا ہے جو ہماری نظم اور غزل دونوں کی آبیاری کرتا رہا ہے — اس قدر کہ ہمارے شعرا نے تشبیہات، استعارات حتیٰ کہ حسی تصورات تک اس "چمن" ہی سے اخذ کئے ہیں۔ پھر المیہ یہ بھی ہے کہ یہ چمن اس دھرتی کی پیداوار نہیں۔ اس کا تو سارا تصور ہی باہر سے درآمد کیا گیا ہے۔ نتیجہ یہ ہے کہ اردو شاعری کا معتد بہ حصہ ارد گرد کی اشیا اور مظاہر سے پوری طرح آشنا نہیں ہو سکا! اردو کے بعض جدید ترین نظم گو شعرا کے حق میں یہ بات یقیناً کہی جا سکتی ہے کہ انہوں نے خود کو "چمن" کی اس فضا سے آزاد کیا اور وطن کی دھرتی کی طرف پوری طرح متوجہ ہوئے۔ لیکن افسوسناک بات یہ ہے کہ ان کے ہاں زاویۂ نگاہ کی یہ تبدیلی "تجربے" سے نہیں ابھری بلکہ ایک مینیفسٹو کی صورت میں اپنائی گئی ہے

۱۳

نتیجہ یہ ہے کہ ان کی نظمیں "جدیدیت" کے نام پر آج کے زمانے کی اشیاء اور مظاہر کی کیٹا لاگ سی بن کر رہ گئی ہیں۔ ان کے برعکس اعجاز فاروقی نے "جدیدیت" کو اختیار کرتے ہوئے اُس فنی التزام کو ملحوظ رکھا ہے جو تجربے سے ماخوذ ہے اسی لئے اس کی نظموں میں "جدیدیت" کا اظہار توازن نکھار اور صفائی لئے ہوئے ہے۔ اور یہ کوئی معمولی بات نہیں! میں مثالیں دے کر اس "مقدمے" کو پھیلانے کا آرزومند نہیں۔ ایک حساس اور ذہین قاری جہت کی اس تبدیلی کو خود بخود محسوس کر لے گا۔

دوسری بات یہ ہے کہ اردگرد کی اشیا، آوازوں اور مظاہر سے

اعجاز فاروقی کا لگاؤ اس تجربے کی اساس پر استوار ہے جو وطن دوستی کے ایک پاکیزہ جذبے سے ابھرا ہے۔ اُسے اپنی دھرتی سے پیار ہے ——— وہ دھرتی "جس کے ذرّے ذرّے کی دلفریبی پر" اس کی "آنکھیں خوشی سے موتی بکھیرتی ہیں"۔ یہ نہیں کہ وہ آسمان کے وجود سے منکر ہے لیکن اُسے اس بات کا احساس ضرور ہے کہ جس طرح آسمان کے بغیر دھرتی بانجھ رہتی ہے اسی طرح خود آسمان کی بقا دھرتی کی سلامتی کی مرہون ہے اور یہ کہ زمین کے ٹکڑے کو نیچے سے ہٹا دیں تو اس کا آسمانی حصہ اپنی انفرادیت کو تج کر کسی "عظیم تجرید" میں ضم ہو جائے گا۔ چنانچہ جب وہ اپنی نظموں میں اردگرد کی اشیا سے شعری کیفیات اخذ کرتا ہے تو محض اس لئے کہ یہ اشیا اس کے وطن کا جزو ہونے کے باعث اُسے عزیز ہیں۔ وہ اگر محض "آسمانی فضا" کا قتیل ہوتا تو حسّی تجربات کے بجائے مابعد الطبعیاتی کیفیات ہی کو اپنی شاعری کی اساس بناتا اور پھر اس کے ہاں وہ سارا تجریدی نظام ابھر آتا جس نے اردو شاعری کو ایک غیر ارضی فضا تفویض کی ہے مگر وطن دوستی کے جذبے نے اعجاز فاروقی کو اپنی دھرتی سے وابستہ رکھا اور اس کے نتیجے میں اُس کے ہاں "پا بہ گِل" ہونے کی وہ کیفیت نمایاں ہوئی جس نے اُس کی نظموں کو ایک

منفرد لہجہ عطا کر دیا۔

آخری بات یہ ہے کہ اعجاز فاروقی کو دھرتی سے پیار تو ہے لیکن اُس نے اسے ایک بُت بنا کر اس کی پوجا نہیں کی۔ اُس کی نظموں کے مطالعہ سے صاف محسوس ہوتا ہے کہ اُس نے زندگی کو دو حقیقتوں کے امتزاج اور تصادم سے سے عبارت جانا ہے۔ ان میں سے ایک حقیقت تو "زمین" ہے جسے اُس نے چاند، گھڑا، بند کلی، صدف اور ان سب سے زیادہ پیڑ کی علامت سے واضح کیا ہے (یوں بھی بقول ژُنگ پیڑ مادری نظام کی علامت ہے) یہ "حقیقت" مادری نظام سے مماثل ہے اور اس کا مشن یہ ہے کہ وہ تخلیق کے عمل میں مبتلا ہو کر زندگی کے تسلسل کو جاری و ساری رکھنے میں ممد ثابت ہو۔ گویا اس حقیقت کا وجود نسل (SPECIES) کے تقاضوں کے تابع ہے۔ دوسری "حقیقت" آسمان ہے جس کا کام تخم ریزی ہے۔ اعجاز فاروقی نے اپنی نظموں میں اس دوسری حقیقت کو شبنم، بھونرا، سمندر (یعنی پانی) سیّال آتش، عصا، ناگ اور ان سب سے زیادہ سورج کی علامت بنا کر پیش کیا ہے۔ ان تمام چیزوں کے امتیازی اوصاف، بے قراری، گرمی، آشفتہ سری اور تحرک ہیں۔ یوں بھی کہا جا سکتا ہے کہ پہلی "حقیقت" ٹھہراؤ، انتظار اور بقائے نسل کی خواہش کی علم بردار ہے اور اُس کی انفرادیت واضح نہیں جب کہ دوسری "حقیقت" کا امتیازی وصف ہی اس کی آزادہ روی اور انفرادیت ہے۔ ان میں سے کوئی حقیقت اپنے طور پر فعال نہیں رہ سکتی۔ مثلاً دھرتی کی عدم موجودگی میں آسمان کا وجود ہی باقی نہیں رہ سکتا جب کہ آسمانی عناصر موجود نہ ہوں تو دھرتی بانجھ ہو کر رہ جاتی ہے۔ اعجاز فاروقی کو دھرتی سے پیار تو ہے لیکن صرف تخلیق کے عمل میں مبتلا دھرتی سے۔ بانجھ دھرتی سے ہرگز نہیں۔ بلکہ صاف محسوس ہوتا ہے کہ اُس کے دل میں یہ خطرہ پھڑک رہا ہے، کہ کہیں دھرتی بانجھ نہ ہو جائے۔ اور یوں زندگی کا سلسلہ رُک نہ جائے۔ حیات کے سلسلے کا منقطع ہونا وقت کا

رُک جانا بھی ہے اور وقت کا رکنا موت کے سوا اور کچھ نہیں۔ تو اصل بات یہ ہے کہ اعجاز فاروقی موت سے متصادم ہے اور اسے شکست دینے کے لئے بار بار دھرتی کی طرف لوٹتا ہے ـــــ کبھی بادل بن کر، کبھی سمندر کی صورت میں (اور سمندر دیوتاؤں کا رَس، زندگی کا جوہر اور صدف کا موتی ہے) کبھی عصا کے پیکر میں (کہ عصا ناگ بھی ہے، سیّال لمحہ بھی اور برق کا ایک کوندا بھی) اور کبھی سورج کی کرن کے رُوپ میں! غور کیجئے کیا یہ تمام علامتیں زرخیزی سے متعلق نہیں ہیں؟ سو نظم میں ان کا استعمال اس بات پر دال ہے کہ شاعر زمین کو زرخیز دیکھنا چاہتا ہے، تاکہ وُہ تخلیق کے عمل میں مبتلا رہے۔ مگر

اعجاز فاروقی کے ہاں ان دو حقیقتوں کے وصال کا لمحہ ہی سب کچھ نہیں۔ اس وصال سے ذرا قبل وہ خود کرب کی آگ یا برق رفتار آندھی کے اُس طوفان سے بھی گزرتا ہے جسے اُس نے "تپسیا" کا نام دیا ہے۔ یہ تپسیا شاعر کی روحانی کایا کلپ سے مماثل ہے اور تاریخ، دیومالا اور فرد کی خود شناسی کے عمل میں اس کی جھلکیاں عام طور پر ملتی ہیں۔ اس تپسیا کو اعجاز فاروقی نے کبھی تو روشنی کے پُل سے گزرنے کا عمل قرار دیا ہے (یہاں دھیان صراط المستقیم کی طرف منعطف ہوتا ہے) کبھی پہاڑ کی چوٹی پر نُور کی انگلی سے قریب تر ہونے کا نام دیا ہے (یہاں ذہن کوہِ طور کے واقعہ کی طرف منعطف ہوتا ہے) اور کبھی سونے کی کشتی میں سوار ہو کر اوپر اٹھنے کی کاوش قرار دیا ہے (اور اس مقام پر محسوس ہوتا ہے جیسے وہ سورج کے اُس رتھ کا ذکر کر رہا ہے جو دیومالا کا ایک نہایت مقبول کردار ہے) بہرصورت یہ بات واضح ہے کہ اعجاز فاروقی نے اپنی نظموں میں تخلیق اور تخلیق نَو کی ساری تمثیل کو احساس اور جذبے کے کینوس پر دوبارہ خلق کیا ہے۔ وہ دھرتی کے بانجھ پن کو زائل کرنے کے لئے تپسیا کے عمل سے گذرتا ہے اور وہاں سے روشنی اور حرارت حاصل کر کے دوبارہ زمین کی طرف آتا ہے اور اس کے اس عمل سے دھرتی کا بیڑ

سرسبز و شاداب ہو جاتا ہے۔ اسی بات کو یوں بھی کہا جا سکتا ہے کہ اعجاز فاروقی نے بار بار خود شناسی کی کیفیت میں ڈوب کر اپنے تخلیقی عمل کو جلا دی ہے اور اس کے نتیجے میں اُن حسّی تصورات، علامات اور لطیف احساسات کو جنم دیا ہے جن سے اس کی نظموں کے پیکر مرتب ہوتے چلے گئے ہیں۔ چنانچہ اعجاز فاروقی کی نظموں سے پوری طرح محظوظ ہونے کے لیے سیدھی صاف سڑک کو ترک کرنے اور ایک الٹی زقند لگا کر احساس کے اُن مرغزاروں میں اُترنے کی ضرورت ہے جو اس شاعر کو بہت عزیز ہیں اور جن کی سیاحت بجائے خود ایک یاترا کا درجہ رکھتی ہے۔

ڈاکٹر وزیر آغا

ایک احساس

اجاڑ سڑکوں کی دونوں جانب
گھنے درختوں کے لمبے سائے تلے
زمانے کی دھوپ سے تپتے دن گذارے

گھنیری زلفوں کی ٹھنڈی چھاؤں تلے
جوانی کی گرم جلتی دوپہریں کاٹیں

گھنے درختوں کا سایہ قائم
گھنیری زلفوں کی چھاؤں دائم
مگر مرے سر سے ڈھل چکی ہے

تہذیب

یہ آبا کی اقدار کا اک مرقّع
جسے وقت کی ایک یلغارِ پیہم مٹاتی رہی
اور میرے جدّ و اَب
اِس میں بد زیب سے رنگ بھرتے رہے
اب یہ بد زیب، بد رنگ نقشوں کی بھونڈی سی تصویر مجھ کو ملی ہے
مجھے یہ سکھایا گیا ہے
اِسے اپنی آنکھوں پہ رکھوں
یہی زینتِ حجلۂ زیست ہوگی

۱۹

—

مرے پیڑ کو ابر کی ننھی ننھی پھواروں نے بالیدگی دی
سنہرے ضیا پاش سورج کی کرنوں نے شاخوں کو چھو کر توانائی بخشی
کہیں دور اَن دیکھے جانے جزیروں سے آکر صبا نے شگوفوں کے
بندِ قبا کھول ڈالے

کہ یہ بار ربابِ تمنا ہو
لیکن یہ ساتھی —— یہ دیمک
جڑیں چاٹتا ہے

سفر

یہ آگ، پانی، ہوا، یہ مٹّی
انہیں سے میرا خمیر اٹھا
انہیں میں تحلیل ہو نہ جاؤں

یہ آگ جو نور کا لہو ہے
جو میری رگ رگ میں موجزن ہے
اسی کی لَو میں یہ مَیں نے دیکھا
مجھے پہاڑوں کی چوٹیوں سے بلند تر
نور کی پُر اسرار سی اک انگلی بلا رہی تھی
مَیں اپنے بوجھل کثیف کپڑوں کو خون کی آگ میں جلا کر
ہوا کے مانند کوہساروں کی رفعتوں کی طرف بڑھا
آج کلّۂ کوہ پر کھڑا ہوں

۲۱ —

مرے اور انگشتِ نور کے درمیان اک جست فاصلہ ہے
اور اب زمیں کی کشش
(جہاں مرگ کا سکوں ہے)
مرے بدن کو بلا رہی ہے
جو لوٹ کر دیکھتا ہوں
اِن گہری تیرہ و تار گھاٹیوں کی طرف
جہاں سے گذر کے ان چوٹیوں پہ پہنچا
تو ایسے لگتا ہے
گر میں اِس خاکداں کو لوٹا
تو پھر پلٹ کے نہ آسکوں گا
بس ایک ہی جست فاصلہ ہے
جو آج اِس کو مَیں پار کر لوں
تو ابر بن کر برس سکوں
جس کے آب پارے
شجر شجر کی نمو کریں گے
صدف صدف میں گہر بنیں گے

مَیں اور تُو

مَیں اک بھونرا
پنکج پنکج کا رس چوسوں
تُو اک ایسا کنول
بھونرے کو آغوش میں لے کر
بند کلی بن جائے

مَیں اک پودا
جو شبنم سے پھولے پھلے
تیرے حسن کا ایسا موسم
صبح سویرے کہرا پڑے

۲۳

مَیں اک سورج
جس سے دن کا اجالا ہو
تُو اک بدلی
سورج کو دامن میں چھپا کر
گھور اندھیرا کرے

آگہی

نیچے وادی سے دھواں سا اٹھا
پھر کوئی قافلہ سا ماں آئے

مشعلیں ہاتھوں میں لے کر
شب کی تاریکی میں خیموں سے نکل آئے ہیں
جسم کی آگ میں روشن ہے لہو
مشعلیں رقص میں آئیں
اِن کے شعلوں کے خطوں سے
ایک تصویر ہے ۔۔۔ زنگوں سے بھری
اِن کے شعلوں کی چٹک میں
راگ ہے ۔۔۔ بین کا راگ

-

ناگ نکلا

گہرے اندھے غار سے
جھومتا جھامتا لہراتا ہوا
جسم سے جسم ملے
مشعلوں کے سر جُڑے
شعلے بھڑکے
جس سے تاریک فضائیں
بقعۂ نور بنیں

ناگ کے پھن سے یکایک
ایک شاہین اڑا

۲۶

وقت

یہ ننھی سی گڑیا
جسے دو برس ہو گئے ہیں
میں جاپان سے لے کر آیا
یہ رقاصہ رنگین کپڑوں میں ملبوس
اُسی ایک انداز سے دو برس سے کھڑی ہے
نہ پلّو ہی سر کا
نہ ہاتھوں سے رومالِ رنگیں ہی چھوٹا
نہ سر سے یہ تاجِ سرافرازی و کجکلاہی ہٹا
اِس کا ویسا ہی معصوم چہرہ
وہی زیرِ لب مسکراہٹ

۲۷ ـ

وہی قوسِ ابرو
وہی چشمِ بینا
جواں جادواں

یہ گڑیا، یہ رقّاصہ، یہ وقت کا نقطۂ مرکزی
جس کے پیہم رواں اَن گنت دائروں میں
پریشان و آوارہ پھرتا رہا ہوں
مرا چہرہ اک داستاں ہے
مری عمرِ رفتہ کی
ان گردشوں کی
مگر فاصلہ ہے کہ ویسے کا ویسا رہا
میرے کمرے میں یہ آج بھی
میرے نزدیک اتنی ہے جتنی کوئی دو برس قبل تھی
فرق اتنا ہے
یہ وقت کا نقطۂ مرکزی
اور مَیں وقت کے دائروں میں اسیر

عذاب

شام کی مانگ میں خورشید نے سیندور بھرا
لوگ اپنے زرد رخ کو غازۂ وسرخی سے دہکائے ہوئے
خوش نما رنگوں کی پوشاکوں میں ملبوس
اپنے اپنے گھر سے نکلے
جیسے گلیوں کے یہ برقی قمقمے
جھٹپٹا ہوتے یکایک جل اٹھیں
اِن کے چہروں سے عیاں اک اضطراراک خوف سا ہے
جیسے ان کے پیچھے سایہ سا ہے کوئی
جس سے یہ دہشت زدہ ہیں
اِن کے دل میں آرزو ہے
شب کی تاریکی سے پہلے

آدھی رات کا سورج (نظمیں) اعجاز فاروقی

شام کی مانگ سے سیندور کی چٹکی بھر کر
اپنی بھی مانگ بھریں

شام کی آگ بجھی ، دھول اڑی
قمقموں کو رات نے کہرے کی چادر میں لپیٹا
قہوہ خانے کے دریچوں پہ بھی اک کہر جمی
پیالیوں کی کھنک آہستہ ہوئی
لڑکھڑایا پائے رقاصہ
بجھی پائل کی شہنائی
کھنچی شام بہت
وقت رقاص رکا پر نہ رکا
اک گلابی آتشی ساعت جلی، جل کے بجھی
آنکھ میں راکھ پڑی
بھولے بھالے سے وہ من موہنے سے چہرے
سامنے دھندلا گئے
اک ہیولا سا بنے

مسافر کا کرب

وہ ہے برگد
اُس کی ریش
اُس کی گھنی پُرپیچ شاخیں
اُس کے تن کو
تند صرصر سے بچاتی تھیں
اور اُس کے گھرے سائے میں تھکے ہارے مسافر
آکے سستاتے رہے

سامنے جو ایک ہوٹل ہے
کبھی اک ریت کا ٹیلہ تھا

اب سارے تھکے ہارے مسافر
اِس میں رکتے ہیں
سبک لمحوں کی حدّت کو مٹانے کے لئے

یہ بھی سنتے ہیں کہ ہوٹل میں بھی کوئی سکھ نہیں ملتا
وہاں شورِ قیامت ہے، دھواں ہے اور گرمی ہے
کوئی کہتا ہے برگد کے خنک سائے میں جو سکھ تھا
وہ ہوٹل میں نہیں

اور برگد
سوکھ کر کانٹا ہوا ہے
اس کے پتّے جھڑ چکے ہیں
ٹہنیاں ننگی کھڑی ہیں
آگ برساتی ہوئی سورج کی کرنیں
اس کے تن کو چھو رہی ہیں

۳۲

لمحہ

یہی ایک لمحہ ہے
جب میرے پاؤں زمیں پر ہیں
میرا وجود ایک سوندھی سی خوشبو لئے ہے
یہی ایک لمحہ
کہ مَیں ہوں

—

یہی ایک لمحہ
کہ تُو ہے
ترا خون، سیّال آتش
ترے جسم کو
ایک مٹی کے تاریک پتلے کو
لَو دے رہا ہے

یہی ایک لمحہ ہے تخلیق، تکرارِ تخلیق کا
ورنہ بجھ جائے گی تیری آتش
نکل جائے گی میری خوشبو

تپسیا

رات پھیلی
رات ـــــ تاریک، سیاہ
اندھے جذبات کی منہ زور آندھی

اک حسین چاند کی کشتی ابھری
شوخ لڑکے نے اسے اپنا ہنڈولہ سمجھا
اندھے جذبات کی لہروں پہ یہ کشتی ڈولی
اور چنچل کو بہت جھولے جھلائے

۳۵ —

ٹوٹا تاریکی کا جال
اندھے جذبات کی آندھی اتری
ابھری خوں رنگ شفق
اور پھر چاروں طرف نور کی چادر پھیلی

یوں ہی روز آتی ہے تاریک سیہ اندھی رات
اندھے جذبات کی منہ زور آندھی
شوخ لڑکے کے لئے
اک حسیں چاند کی کشتی لے کر
ٹوٹتا ہے یوں ہی تاریکی کا جال
اور ابھرتی ہے شفق
اندھے جذبات کا خوں
جس سے انوارِ سحر پھوٹتے ہیں

لمحہ لمحہ میری موت ، لمحہ لمحہ میرا جنم

میرے مُنّے بیٹے صیبی کا مُنّا سا ربڑ کا گھوڑا
کبھی وہ اِس کی ٹانگ دبائے
کبھی وہ اِس کی آنکھیں پھوڑے
کبھی وہ اس کے کان مروڑے
کبھی وہ اس کی گردن توڑے
گھوڑے کا حلیہ جو بگڑے ، صیبی خوش خوش تالی بجائے
پھر جو سامنے رکھ کر دیکھے
اِس کو سالم پائے

۳۷

کربِ عظیم کی آگ جو برسے
تن من میرا جلائے
کربِ عظیم —— کہ مَیں کیا ہوں ؟
ماضی کی سلاخیں کیسی ہیں ؟
یہ حال کی دیواریں کیوں اتنی اونچی ہوتی جاتی ہیں ؟
یہ کیسا قفس ہے جس میں کوئی دروازہ نہیں :
یہ کھڑکی پر کیوں کہر جمی ہے ؟
باہر گھور اندھیرا کیوں ہے ؟

لاچاری کی آندھی چلے
تو میرا پیڑ اکھاڑے
لاچاری ——
کہ مَیں مختار ہوں، خالقِ مطلق ہوں، آزاد ہوں
مجھ پر کوئی قید نہیں ہے

۳۸

لیکن پھر بھی اپنے آپ خزاں آئے
اور میرے پیڑ کے سارے ہی پتّے جھڑ جائیں
پھر بھی کوئی قدروں کا پیوند لگا کر
میری شاخیں پیہم کاٹے

مایوسی کی لہر جو اٹھّے
میری کشتی ڈوب چلے
مایوسی ——
کہ مَیں رومان کی دنیا میں آباد رہا
میں چاند سے باہوں میں باہیں ڈالے ہوئے ہم آغوش رہا
میں پانی کے نیلے بلّوریں رنگوں میں مدہوش رہا
جب ٹوٹا طلسمِ خیال اپنا
طوفان، بھنور، منجدھار ملے

۳۹

—

کرب کی آگ جو ٹھنڈی پڑے
تو میرا وجود سلامت نکلے
لاچاری کی آندھی اترے
میرا پیڑ ہرا بھرا نکلے
مایوسی کی لہر جو ڈوبے
میری کشتی پھر سے تیرے
ربڑ کے گھوڑے کے مانند
سلامت ہوں، مَیں زندہ ہوں
لمحہ لمحہ میری موت
لمحہ لمحہ میرا جنم

شہریار

یہ الّو

یہ راتوں کے پنچھی

جو ظلمت کے اندھے کنوئیں کی منڈیروں پہ بیٹھے

زر و سیم کے کنکروں کو

عفونت بھری ٹیڑھی میڑھی سی چونچوں سے

اُس چاہ میں پھینکتے ہیں

تو اُس چاہ کے گدلے پانی کے ہلکورے سے اک شعاع سی چمکتی ہے

جس کو یہ الّو حریصانہ نظروں سے یوں دیکھتے ہیں

کہ جیسے یہی روشنی ہے

آدھی رات کا سورج (نظمیں)　　　　اعجاز فاروقی

—

یہی زندگی ہے
یہی خوابِ ہستی کی تعبیر بھی ہے

مگر صبحِ صادق سے جب روشنی کی کرن پھوٹتی ہے
تو یہ اپنی آنکھوں کو یوں موند لیتے ہیں
جیسے یہ پتھر ہیں، بے جان، بے حس

عرفان

مرا شجر
روزِ آفرینش سے تا ابد قائم و سلامت
یہ قرن ہا قرن کا تماشائی
سب زمان و مکاں رگیں بن کر اس کے پتّوں میں گڑ گئے ہیں

۴۳

میں اِس کا سایہ ہوں
گھٹتا بڑھتا
کبھی اِدھر اور کبھی اُدھر
بے قرار و مضطر
ہر ایک لمحہ ، ہر اک قدم
میرے واسطے
زندگی کا مژدہ بھی ہے
مگر سوگوار بھی ہے

وہ نور کا پُل
مرے شجر اور سائے کے درمیاں کھڑا ہے
جو سایہ اس کو عبور کر لے
تو پیڑ بن جائے

نیا جنم

مَیں اک شجر ہوں
جو آفرینش کے روز پیدا ہوا برہنہ
جب اِس پہ اک گہری بدلی برسی
تو اس کے تن سے شگوفے پھوٹے
جب اس پہ سورج کی کرنیں چمکیں
تو اس کی شاخوں پہ بار آیا

–

پھر اک زمانہ یہ آیا
دانش وروں، حکیموں نے
پیڑ کے پور پور میں تجزیے کے نشتر چبھو دیئے ہیں
رگوں کو چیرا ہے، رس نچوڑا ہے
شاخوں سے برگ و بار نوچے ہیں
پیڑ اب پیڑ تو نہیں ہے
غبار سا بن کے رہ گیا ہے یہ
آکسیجن کا، ہائڈروجن کا، کاربن کا

کہیں سے پھر کوئی بدلی آئے
کہیں سے سورج کی کرنیں پھوٹیں
جو کاربن کے غبار کو پھر شجر بنائیں

اپنا اپنا رنگ

تُو ہے اک تانبے کا تھال
جو سورج کی گرمی میں سارا سال تپے
کوئی ہلکا نیلا بادل جب اس پہ بوندیں برسائے
ایک چھناکا ہو اور بوندیں بادل کو اڑ جائیں
تانبا جلتا رہے

آدھی رات کا سورج (نظمیں) اعجاز فاروقی

۴۷

—

وہ ہے اک بجلی کا تار
جس کے اندر تیز اور آتش ناک اِک برقی رَو دوڑے
جو بھی اُس کے پاس سے گذرے
اُس کی جانب کھینچتا جائے
اُس کے ساتھ چمٹ کے موت کے جھولے جھولے
برقی رَو ویسی ہی سُرعت اور تیزی سے دوڑتی جائے

مَیں ہوں برگِ شجر
سورج چمکے، مَیں اُس کی کرنوں کو اپنے روپ میں دھاروں
بادل برسے، مَیں اُس کی بوندیں اپنی رگ رگ میں اُتاروں
باد چلے، مَیں اُس کی لہروں کو نغموں میں ڈھالوں
اور خزاں آئے تو اُس کے منہ میں اپنا رس ٹپکا کر پیڑ سے اتروں
دھرتی میں مدغم ہو جاؤں
دھرتی جب مجھ کو اُگلے تو پودا بن کر پھوٹوں

اجنبی شہر

وہ پیڑ اب کٹ گیا ہے
جس کے تلے جوانی کے گرم لمحوں کو ٹھنڈے سائے ملے
جو اک موڑ کا نشاں تھا
جہاں سے ہم اک نئی جہت کو چلے تھے
اب وہ نشاں بھی مٹ گیا

-

وہاں کول تار کی اک سڑک ہے
جو گرمیوں میں پگھلی ہوئی سی رہتی ہے
(آدمی بھی پگھل رہا ہے)
وہاں پر اب موٹروں کا دریا سا بہہ رہا ہے
اور ان کے پیچھے دھوئیں کے پردے پڑے ہیں
(کوئی نہ ان کو پہچان پائے)
اک شور ہارنوں کا بپا ہے
(کوئی نہ سن سکے چہچہے پرندوں کے)
ابتری ہے

مگر مَیں اک چاپ سُن رہا ہوں
وہ چاپ، جیسے کوئی بہت دور جا چکا ہے

تاریخ کا پہلا باب

مجھے سکھایا گیا ہے
میرے ہی باپ دادا نے آکر اس سرزمین کو نورِ علم و دانش عطا کیا
ورنہ یاں تو ہر سمت گھور تاریکیاں تھیں
یہ سرزمیں، یہ دھرتی، مرا وطن
جس کے ذرّے ذرّے کی دلفریبی پہ میری آنکھیں خوشی سے موتی بکھیرتی ہیں
یہ اونچے اونچے پہاڑ
اقدارِ عالیہ کی علامتیں
یہ رواں دواں نرم رَو سی ندّی
نشانِ طبعِ رواں
یہ اشجار کے گھنے سائے
گود ماں کی

یہ ڈالیاں جھومتی لہکتی
خیال کے نرم نرم ہلکورے
لالۂ و گل
یہ زندگی کے حسین لمحوں کی پتّیاں

وہ لوگ آئے
تو اُن کے سر میں عقاب تھے
جسم ناگ تھے
دل تھے منجمد خون

اِنہیں پہاڑوں کی ندّیوں نے وہ اُن کی آنکھوں کا خون دھویا
اِسی زمین نے انہیں حسین چاندنی عطا کی

مرا یہ جسم اس زمیں کی مٹّی
مرے لہو میں جو چاندنی ہے
وہ اِس زمیں کے شکم کی آتش نے مجھ کو بخشی

حقیقت سے پرے

یہ کائنات ایک آئینہ ہے
یہ صاف پانی کی جھیل
جس میں مَیں ڈوب کر
حیرت و تحیّر بنا سراپا

جو لَوٹتا ہوں
تو زندگی ہے نہ موت ہے
اک سرور ہوں
بے خودی ہوں
سچّائی ہوں مجسّم

آدھی رات کا سورج (نظمیں) اعجاز فاروقی

شاعر

زخمی کبوتر
سفاکوں نے اُس کا سینہ تیروں سے چھلنی کر ڈالا
لیکن وہ خاموش کبوتر
اپنے گرم لہو کے بَل پہ
مظلوموں کی درد بھری فریاد کو لے کر غم خواروں تک پہنچا
اپنے دکھ پر گنگ رہا

مَیں ہوں شاعر ــــــ زخمی کبوتر
میرا زخم مرے ماتھے پر ایک ستارہ بن کر چمکا

عورت

تُو نے میرے دکھ کی خاطر
کتنے رنج سہے
اپنی گود میں تُو نے مجھ کو
اپنے لہو کی چاندنی بخشی
مَیں اک چاند بنا
جس نے دھرتی سے یہ گھور بھیانک اندھیاروں کا خوف مٹایا

۵۵ —

جب تُو زینتِ حجلہ بنی
تُو نے اپنے خون کی آتش مجھ کو بخشی
مَیں اک سورج بن کر چمکا
جس کی دھوپ میں میری روح کا قیدی شاہیں
ناگ کے پھندے سے چھوٹا

تُو جب آئی
میرے جگر کی ٹھنڈک بن کر
تُو نے میری آگ پہ اپنے آنسو بکھیرے
میری آگ میں پھول اُگے

مَیں اِک شاعر
اپنے فن کی افشاں لے کر
تیری مانگ سجانے آیا

وطن کی حقیقت

وطن کے سپاہی !
وطن کی حقیقت !
ترے خوں کا اک ایک قطرہ
وطن کی زمیں پر خورِ ضو فشاں بن کے چمکا
وطن کی زمیں ——
جس کو اغیار مٹی کا اک ڈھیر کہتے تھے ——
روشن حقیقت بنی
اس کے دامن میں ہر سُو ضیا پاش سورج ہی سورج چمکتے نظر آرہے ہیں۔

۵۷ —

کہاں ہیں ؟
اہنسا کا پرچم اٹھا کر مشینوں سے ، توپوں سے ، ٹینکوں سے پرُامن
شہروں پہ غارت گر و حملہ آور

ذرا آکے دیکھیں
تشدد کے پھنکارتے ناگ کا زہر آلود سر کیسے کچلا گیا ہے
کہاں ہیں ؟
مشینوں کے ، توپوں کے ، ٹینکوں کے مکار تاجر
ذرا آکے دیکھیں
لہو سے جو لاوا ابلتا ہے
وہ ان مشینوں کو ، توپوں کو ٹینکوں کو کیسے جلا ڈالتا ہے
کہاں ہیں ؟
مقدس عظیم امنِ عالم کے معبد میں ارزانیٔ خونِ آدم کی سوداگری
کرنے والے

کہاں ہیں ؛
وہ تقدیسِ انسانیت کے پجاری

۵۸

کہاں ہیں ؟
مساوات کے پاسبان و نگہباں
ذرا آکے دیکھیں
مقدّس پرِ فاختہ پر لہو سے مساواتِ انسان و تقدیسِ آدم کا
فرمان لکھا گیا ہے

وطن کے سپاہی!
وہ شاہیں
جسے بِس بھرا ناگ پھنکارتا تھا
ترے خون کی دھوپ میں جاگ اٹھا
وہ پھر سے اڑا
اس کے شہپر تلے
روشنی کی چکا چوند سے
ناگ اندھا ہوا
اور اندھیرے میں سر کو پٹکتا رہا

-

وطن کے سپاہی!
ہوس کے اندھیروں تو روشنی کا وہ مینار ہے
جس کی تیز اور روشن نگاہوں نے
مٹّی کے تاریک پتلے کو چیرا
تو بھیتر کے وہ رنگ نکھرے
کہ ہر جسم اک شعلۂ نور ہے

وطن کے سپاہی!
مری روح پر زنگ آلود سا خول تھا
وہ ترے خون کی آگ نے آج پگھلا دیا
خول ——
شبہات کا
حرص کا، آز کا
اک شکستہ خودی کا
خرد کا
ہزیمت سے ڈر کا ——

یہ سب زنگ تھے
جو مری روح کو کھا رہے تھے
اور اب زنگ آلود یہ خول اترا ہے
تو روح — معصوم و پاکیزہ — کندن سی نکلی ہے، آزاد ہے

وطن کے سپاہی!
تمہاری جبیں کا یہ زخم اک ستارہ ہے
اور یہ ستارہ ہمیشہ چمکتا رہے گا

جادو

وہ اک جادوگر
جس نے مجھ کو اندھے غاروں میں رہنا سکھلایا
ہیبت ناک پہاڑ
اور اُن پر اونچے اونچے پیڑ
اُن کے لمبے لمبے سائے
ٹھاٹھیں مارتے دریا
جن کی لہر لہر میں موت کے پھندے
بھاری برف کے تودے
جب چٹخیں تو موت کی چیخ سنائی دے

۶۲

تپتے صحرا
جن میں سائیں سائیں کرتی تیز ہوا
آندھی
اور طوفان
قدرت ، ایک بھیانک روپ
میرے خون کی پیاسی

جادوگر نے سحر جگایا
میرے خون کو اُس نے نئی حرارت بخشی
میرے جسم میں قوّت گوندھی
مَیں نے موت کے منہ سے زیست کا رس ٹپکایا
قدرت بھیانک روپ میں آئی
مَیں نے شبھ گھڑی میں
اپنا ہاتھ بنا اک ریشمی جال اس پر پھینکا
اور صدیوں اس کے گرد خوشی سے ناچا گایا

۶۳

—

اب جادوگر کا جادو ٹوٹا
شبھ گھڑی کا سحر گیا
قدرت کے اِس بھیانک روپ میں مَیں نے ایسے رنگ بھرے ہیں
ایک سنہری زلفوں والی شوخ پری بن کر نکلی ہے
جس کے تلوّن کا ہر لمحہ
میرے وقت کی ریت میں ڈھلتا جاتا ہے

حرف

وادی وادی صحرا صحرا پھرتا رہا مَیں دیوانہ
کوہ ملا
تو دریا بن کر اس کا سینہ چیر کے گذرا
صحراؤں کی تند ہوا میں لالہ بن کر جلتا رہا
دھرتی کی آغوش ملی
تو پودا بن کر پھوٹا
جب آکاش سے نظریں ملیں
تو طائر بن کے اڑا
غاروں کے اندھیاروں میں مَیں چاند بنا
اور آکاش پہ سورج بن کر چمکا
پھر بھی مَیں دیوانہ رہا

۶۵

—

اپنے سپنوں خوابوں کی الٹی سیدھی تصویر بنائی

ٹیڑھی میڑھی لکیریں کھینچیں

لیکن جب اک حرف ملا

گویا نور کی کرنیں میرے دو ہونٹوں میں سمٹ آتی ہیں

میں یہ چراغِ الہ دیں لے کر

غاروں کے اندھیاروں میں کھوئے ہوئے موتی ڈھونڈ رہا ہوں

مَیں

میرا جسم
یہ نیلا، گہرا، پھیلتا پانی
اِس کی لہر لہر سے ابھرا
میرے لہو کا چاند
اِس کے اندر پھوٹے
تیرے جسم سے نرم کنول
اِس کے افق سے نکلا، چمکا
میرا سچ کا سورج

۶۷

—

کون کہے مَیں خاکی ہوں
مٹی تو بوجھل
بیٹھ گئی تو بیٹھ گئی
مَیں پانی کا سنگیت
مَیں بہتا دریا ——
لہو کا چاند، کنول کا جھولا، سوچ کا سورج ——
کیسے کیسے بہتا جائے

سمندر

میرے دکھ کا ایک سمندر
گہرا جس کا انت نہیں
اس سے تیرے سکھ کی خاطر
جانے کتنے بادل اٹھے
تیری دھرتی پر برسے
تو خوشی کی کلیاں پھوٹیں
تو نے کلی کلی کو توڑا
اپنی قبا سجائی
کلیوں کا جب خون بہا
تو دکھ کے دھارے
میری جانب لوٹے
میں ہوں ایک سمندر دکھ کا

دائرے

لوگ تو چندا سیر کو جائیں
لمبی راتیں
لمبے سائے
ایک سمندر خاموشی کا
ایک سحابوں کا دریا
چاندی کی کشتی میں پریاں جھولے دیں گی

مَیں سورج کے رتھ پر بیٹھ کے
حلقۂ شب سے نکلا چاہوں
چاند اور دھرتی دونوں مل کر
دائرے کھینچتے جائیں

سروش

یہ سمندر
موج در موج ، مسلسل
ہلکے ، گہرے ، سبز ، نیلے رنگ
جن پر جا بجا چاندی کے دھبے
اُس کنارے پر گلابی رنگ میں ڈوبا ہوا اک گول چہرہ
پھیلتے پانی میں اپنے آتشیں ہونٹوں کی سرخی گھولتا جائے
مَیں اک سونے کی کشتی میں سوار
اُن حسیں رنگوں میں مدہوش
اُس کنارے کی طرف بڑھتا چلا جاتا ہوں

—

دور سطحِ آب پر وہ ایک بگلوں کی قطار
وہ سمندر کے رشی گیانی
جو پانی کے ہر اک سُر تال سے آگاہ ہیں
اب تک وہ بے فکری سے موجوں پر سوار
تیرتے جاتے تھے
کیوں پھر دفعتاً
ٹولی بنا کر اڑ گئے

مَیں نظر کے تار پر رقصاں
وہ نغموں کے سُروں میں گم

وصل

سحر کے وقت
کنواری زمین شبنم میں نہا کے بیٹھی ہے
وہ سبز چادرِ گل تاب
عارضِ مہ تاب
خمارِ خواب کا عالم
وہ انتظار کا عالم
کہ دور دیس سے جیسے
کبھی تو آئے گا

۷۳۔

—

وہ دور دیس سے سورج کا دیوتا آیا
اور اپنی تیز نگاہوں سے گدگدی کرتا
وہ جوف الارض کے نصف النہار پر پہنچا
زمیں پہ خوف کی اک زرد لہر سی پھیلی
مگر وہ سبز ساجادو کنواری دلہن کا
فضا پہ چھا ہی گیا اک خمار کا عالم
اتر گیا ہرے شیشے میں دیوتا آخر

وہ شام، لمس، دھندلکا
لبوں کا رنگ لبوں میں گھُلا
حسین تھا منظر
لذیذ تھا لمحہ
ہوا کی انگڑائی

اور اُس کے بعد بھیانک ہوا کے زناٹے

۲۴

تجرید

تلازمے
جنھوں نے میری آنکھ میں یہ رنگ کے تعصبات بھر دیئے
تلازمے
جنھوں نے میرے گوش میں یہ دوستی و دشمنی کے ایریَل جما دیئے
تلازمے
جنھوں نے میری جیب کو اسیرِ حرف کر دیا
ہیں روشنی و تیرگی کا ایک بحرِ بیکراں
وہ رودِ نور اک طرف
وہ تیرگی کا شور دوسری طرف
مرا وجود درمیاں
دو طرفہ صیقل آئنہ

۷۵

—

تلازموں کے سائے ہیں
وہ کالے کالے بھوت آئے
آ کے ناچنے لگے
وہ لہر لہر نور کی
وہ موج موج تیرگی کی
یوں بہم دگر ہوئیں
کہ صیقلِ آئنہ بھی ملگجا ہوا
وہ امتیازِ نور و تیرگی گیا
اندھیرے روشنی بنے
شعاعِ نور تیرگی
تلازموں کے دائرے
جو لحظہ لحظہ
میرے ارد گرد تنگ ہو رہے ہیں
اور کالے کالے بھُوت
ناچتے ہوئے مری ہی سمت بڑھتے آ رہے ہیں

۷۶

تلازموں کے دائروں کو توڑ دوں
پھر اپنے بحرِ بیکراں میں جا کے مَیں پناہ لوں
جہاں پہ نور، نور
اور تیرگی ہے تیرگی
سیاہ فام بھوتوں کو مَیں روشنی کی آگ میں جلا کے اُن کی راکھ
شورِ تیرگی میں پھینک دوں

”

ـ

خلا باز

یہ سورج ، یہ ستارے ، یہ چاند
یہ کہکشاں
فاصلے
قربتیں
دوریاں
اک کشش
اک دفع
چیختی ایک آواز
اک ہُو کا عالم

۷۸

اندھیرے بڑھیں تہ بہ تہ
نور پھیلے چکا چوند
حیرت کا عالم

خلا باز

حرکت میں پیہم
معلق سراپا
نہ بازو میں طاقت
نہ پاؤں پہ قابو
گو جسم ایک وحدت
مگر پارہ پارہ

۷۹

میں دھرتی کا باسی

میں پھولوں کی خوشبو کو سونگھوں

میں رنگوں کا رسیا

ہری گھاس پر لیٹ کر

نرم شاخوں سے سیب اور انجیر کو توڑ کر

ایک نشے کے عالم میں

مدہوش

مخمور

مسحور

لیکن اک احساس

میں بھی خلا باز ہوں

پانی

پانی پانی
ہر سو پانی
پانی ـــــ بے ہیئت ، بے صورت
ساغر میں ساغر بن جائے
پھولوں پر یہ شبنم
آنکھوں میں یہ آنسو
اُڑ جائے تو بادل
بہ جائے تو دریا
پھیلے تو اک ساگر
پانی ـــــ بے ہیئت ، بے صورت

—

پانی

دیوتاؤں کا ایک مقدّس رس ہے
زیست کا بہتا دھارا
چاندی کی کشتی کا جھولا

مَیں بھی پانی
ندّی بن کر بہتا جاؤں
سخت چٹانوں کا دِل چیروں
دھرتی کے ہاتھوں پر ریکھا کھینچوں

احیا

عصائے موسیٰ
اندھیری راتوں کی ایک تجسیمِ منجمد
جس میں حال اک نقطۂ سکونی
نہ کوئی حرکت نہ کوئی رفتار

۸۳

جب آسمانوں سے آگ برسی
تو برف پگھلی
دھواں سا نکلا
عصا میں حرکت ہوئی
تو محبوس ناگ نکلا
وہ ایک سیّال لمحہ
جو منجمد پڑا تھا
بڑھا
جھپٹ کر
خزاں رسیدہ شجر کی سب خشک ٹہنیوں کو نگل گیا

خزاں کا نور

حسین پھولوں کے رنگ ہیں رات کے اندھیرے چھپے ہوئے ہیں
یہ سبز گھاس اور یہ درختوں کے پھیلتے بھینچتے ہوئے ہاتھ
سائے
ہر سمت
گھورتے ہیں
یہ پیڑ استادہ منجمد
جیسے سبز مٹی کے سحر سے چلتے پھرتے انسان گڑ گئے ہیں
یہ چاند جادو کا ایک گولہ

۹۵

—

خزاں کی زردی میں دھوپ سانور
جس کی حدت سے سائے پگھلے
وہ سبز مٹی کا سحر اترا
تو پیڑ کے تن سے زرد کرنیں سی پھوٹیں
پتے گرے
تو ماضی کا بوجھ اترا
یہ گرتے پتوں کی سرسراہٹ
کہ دور سے آنے والے لمحوں کی چاپ ہے

ماورا

شفق کی سرخی میں مَیں نے اپنے لہو کے قطرے ملا دیئے ہیں
گلابی رنگوں کا آتشیں کھولتا سمندر
اور اُس کے نیچے
وہ اک چٹانوں کا جال
لیٹی ہوئی چٹانیں
کہیں پہ کشتی نما جھروکے
کہیں پہ مخروطی شکلیں
اُن پر وہ ایک اٹھتا ہوا کلس
ہر طرف دھندلکے
میں اِن دھندلکوں میں گھل رہا ہوں

مگر شفق سے ذرا سا اوپر
وہ نور کی گرد
اُس سے اوپر
وہ ایک روشن ستارہ
کیوں مجھ کو گھورتا ہے؟

روایت

ہزاروں برسوں کی ریت
جو وقت کے گھڑے سے ٹپک ٹپک کر
اِس ایک بے برگ و بار تودے میں جم گئی ہے
میں ایک صحرا نورد
اِس کے غبار میں یوں اٹا پڑا تھا
کسی کھنڈر کا پرانا بوسیدہ بت ہوں ——
موسم گزیدہ
لیکن جب آنکھ پر سے غبار اٹھا
تو سامنے راستوں کا اک جال تھا ——
افق تک کشیدہ

۸۹

میں جب بڑھا

تو میں وقت تھا

میں لمحوں کی ایک بارش

میں زندگی کا عیار

لیکن رکوں

تو بس ایک تودۂ ریگ

ارتقا

وہ اک برف کا بت تھا
جس کو میرے خون کے رنگوں نے اک سندر روپ دیا
میری خون بھری پلکوں نے اُس کے پیر کے ناخن رنگے
میں اُس کے چرنوں میں ایک پجاری بن کر بیٹھا
جب سورج سر پر پہنچا
تو سائے پگھلے
برف کا بت بھی پگھلا
میں بھی پگھلا
دریا بن کر بہہ نکلا

۹۱

وقت کی بکھری ریت اکٹھی کر کے
ساگر بن کر پھیلا

اب شام اپنے ہونٹوں کی سُرخی
میرے پانی میں کیوں گھول رہی ہے؟

یدِ بیضا

کب تک اندھے ساگر میں مَیں چاند کی ناؤ کھیتا جاتا
اس میں کوئی سمت نہ اُور
کوئی تھاہ نہ کوئی تہ
کوئی نقطہ نہ کوئی سِدھ
سائے لپکیں جیسے ناگ
پیڑ کھڑے جیسے آسیب
اُن سے پرے وہ ایک جزیرہ
جس پر ناچیں کالی زلفوں والی پریاں
پَل بھر میں وہ جزیرہ ڈوبا
پریاں ڈوبیں
اندھا ساگر چاروں اُور
کب تک اندھے ساگر میں مَیں بھٹکا رہتا

ـ

میرے لہو سے سورج نکلے

میرے ہاتھ نے آگ کے گولے اندھے ساگر میں پھینکے

اِس میں نور کی لہریں دوڑیں

پگڈنڈیوں کا جال سا ابھرا

جن پر دونوں جانب

زرد سنہرے پیڑ کھڑے تھے

نور کے پتے پھوٹ رہے تھے

لمحوں کی بارش سے میرے کپڑے نم تھے

دائرہ

جب پھول کھِلتے ہیں
بہتی ہوئی ندّیاں گیت گاتی ہیں
پیڑوں کے ٹھنڈے گھنے سائے بڑھتے ہیں
دھرتی پہ اک سبز چادر بکھرتی ہے
ساری فضا ایک نشّے میں مخمور ہوتی ہے
طائر چہکتے ہیں
سب لوگ اک دوسرے سے محبت سے ملتے ہیں
اور سبز دیوی کے چہرے نوں کی مٹّی کی خوشبو فضا میں بکھرتی ہے
مَیں بھی بکھرتا ہوں
خوشبو کی مانند
اور گیت بنتا ہوں
ندّی کی صورت

-

مگر زرد کرنیں
ہری گیلی مٹّی، نم آلود شاخوں کا رس چوس لیتی ہوں
سائے پگھلتے ہیں
سوکھے ہوئے زرد پتّے فضا میں بکھرتے ہیں
اک زرد سا جال چاروں طرف پھیلتا ہے
ہوا چیختی ہے
تو مجھ کو بھی اک کرب محسوس ہوتا ہے

یہ دائرہ
جس میں مَیں گھومتا جا رہا ہوں
یہاں سے مَیں نکلوں تو کیونکر
اِدھر کالی مٹّی
اُدھر زرد سورج کا اک تھال

بت تراش

ہبوطِ آدم کی یاد میں
اک چٹان سے
ایک اونچے ٹیلے پہ
بت تراشوں
کہ اُس نے اپنے خیال کے بیکراں دھندلکوں سے
وہ ہیولا نکالا
جس کے فراق میں جسم مضطرب تھا
اور اُس ہیولے کو جسم بخشا
درخت کے برگِ سبز پر وہ وظیفہ لکھا
جو خالقِ زندگی بنا

شیش ناگ کے پھن سے ایک موتی نکالا
جس سے قبا سجائی
زمیں کے سینے کو اپنا گاڑھا پسینہ بخشا
تو سوندھی سوندھی سی ایک خوشبو سے ساری مٹی مہک اٹھی
چرچراتی بھوری زمین پر ایک سبز چادر بچھی
زمیں کی رگوں میں جیون کا رس بھرا
ہر طرف سے رنگوں کے چشمے پھوٹے

فلک سے آواز آئی
تو اُس سروش کو اپنے سانس کے تار میں پرو دیا
ہوا کی لہروں کو جسم کے رقص میں سمیٹا
اور آگ کے تند و تیز شعلوں سے گیت دہکائے

کسی کے آویزے
آسماں کے ستارے

۹۸

سرسوں کی زرد کلیاں
سنہرے سورج کی پیلی کرنیں
وہ سرمئی آنکھ
آسماں کا دریچہ
وہ زلف
اڑتی پھرتی سی کالی بدلی
وہ جسم کے انگ انگ کا رت
جیسے رقصِ صبا ہو
وہ پھیلتا سمندر
رشی کا جیسے ہو گیان

اُس نے نفس کی حدت سے
اپنے ہونٹوں کی روشنی سے
فلک کا رشتہ زمیں سے جوڑا
وہ سارے سیّال سے ہیولے
جو اُس کے بھیتر کے اندھے ساگر میں تیرتے تھے

حروف کے ضوفشاں لبادوں میں
راگ سرگم کے تیز شعلوں میں
رقص کی تابناک لہروں میں
ڈھل کے آنے لگے
تو دھرتی نے
اپنے آکاش کا محبت سے ہاتھ کھینچا

ہبوطِ آدم

مقامِ آزادی
اِس سے پہلے وہ اندھی راتوں کی تیرگی میں بھٹک رہا تھا
خود اپنی ہستی سے بے خبر تھا
مگر خنک چاندنی کو جب اُس نے آتشیں جسم میں اتارا
تو اُس کو سورج بھی مل گیا
جس کی زرد کرنیں لہو میں ڈوبیں
تو اُس کے ہونٹوں سے
اُس کے ہاتھوں سے

روشنی کی شعاعیں پھوٹیں
اِنہوں نے تاریک شب کے دامن میں نور کے تار سی دیئے

مگر وہ قابیل
جس نے ان روشنی کے دھاگوں کو کاٹ ڈالا
ہری بھری لہلہاتی دھرتی سے
ابنِ آدم کو اندھے پاتال میں گرایا
سنہرے ہونٹوں کی کرنیں چھینیں
بھرے درختوں کے ہاتھ کاٹے
وہ جسم کا ناگ
اور سر کا عقاب
جاگا

میں آج بھی اِس ہری بھری لہلہاتی دھرتی پہ
کتنے قابیل دیکھتا ہوں

—

جو آنکھ کا نور چھیننے کو بڑھے ہیں
دھرتی کو بانجھ کرنے
میں کتنی ہی چیخیں سن رہا ہوں
زمیں پہ کتنے لہو کے دھبے پڑے ہیں
کتنی برہنہ لاشیں لٹک رہی ہیں

ہبوطِ آدم کی یاد میں
کیسا بت تراشوں؟
چٹان کو کاٹتا ہوں
تو پتھروں کی رگ رگ سے خوں ٹپکتا ہے
خونِ ہابیل کا
یہ پتھر نہیں
یہ سب ہڈیاں ہیں ہابیل کی
تو کیا ہڈیوں سے
ہابیل کے لہو سے
وہ بت تراشوں؟

آدھی رات کا سورج (نظمیں)　　　　اعجاز فاروقی

ھیئت کے لحاظ سے اعجاز فاروق کی شاعری ، نظم آزاد کے اس نقطۂ عروج کی نشاندھی کرتی ھے ، جھاں مصرعوں کی طوالت کا تعین کرتے وقت ارکان کی تعداد ھی میں کمی بیشی کو روا نہیں رکھا جاتا ھے بلکہ نظم کے باطنی آھنگ کے پیش نظر خود ارکان کی شکست و ریخت تک کو جائز قرار دے دیا جاتا ھے — واضح رھے کہ ایسا کرتے وقت اعجاز فاروق بیشتر 'جدید ترین' شعراء کی طرح فنی ناواقفیت کا مظاھرہ نہیں کرتے بلکہ کامل عروضی آگہی کو بروئے کار لاتے ھوئے اپنے اجتہادی کارنامہ کا مکمل غنائی جواز فراھم کرتے ھیں اور یہی صورت حال ان کے فن کی پائیداری اور استحکام کی قابل اعتبار ضامن ھے ۔

عارف عبدالمتین